Mystère a

Theresa Marrama

Copyright © 2020 Theresa Marrama

Cover art by digitalhandart

Interior art by digitalhandart

All rights reserved.

No part of this publication may be reproduced, stored in a retrieval system, or transmitted, in any form or by any means (electronic, mechanical, photocopying, recording or otherwise), without the prior written permission from Theresa Marrama.

ISBN: 978-1-7343161-6-2

"Art enables us to find ourselves and lose ourselves at the same time."
— **Thomas Merton**

TABLE DES MATIÈRES

Prologue..................1

Chapitre 1.................. 4

Chapitre 2.................. 9

Chapitre 3..................16

Chapitre 4..................22

Chapitre 5..................28

Chapitre 6..................32

Chapitre 7..................38

Chapitre 8.................. 44

Chapitre 9.................. 49

Chapitre 10..................53

Chapitre 11.................. 61

Chapitre 12.................. 68

ACKNOWLEDGMENTS

A big **MERCI BEAUCOUP** to the following people: Françoise Piron, Melynda Atkins, Audrey Misiano and Wendy Pennett for reading my story and providing helpful feedback. Thanks to Anny Ewing and Cécile Lainé. Not only did you provide great feedback, but you never hesitate to read my stories or edit my work.

Merci Beaucoup to Soleil Misiano, a French student who took the time to read my story and provide feedback!

Prologue

Tout est noir. Tout est silencieux. Stéphane est silencieux. Il n'y a personne dans le musée. Stéphane est tout seul. Il a un peu peur. Il est aussi un peu anxieux... Il pense à toutes les histoires de son meilleur ami, Paul. Il pense à son prof... Quand son prof va découvrir qu'il n'est pas avec le groupe ! Oh là là !

Stéphane marche lentement en silence quand soudain il voit une **peinture**[1]. Immédiatement, il comprend. C'est LA peinture. C'est la **Joconde**[2] ! Il la regarde en silence. Tout est noir mais il peut voir... ses yeux. Il marche lentement vers la peinture. Quand il marche vers la

---

[1] **peinture** - painting
[2] **Joconde** - Mona Lisa

Joconde, il ne regarde pas ses yeux. Il regarde par terre. Finalement, il arrive devant la peinture **la plus célèbre du monde**[3].

À ce moment-là, Stéphane entend un bruit. Il panique ! Il pense à la momie ! Il pense à sa conversation avec Paul quand il a dit : « *Tu sais que le musée est vraiment hanté ? Oui, il y a une momie qui hante le musée ! La momie qui hante le musée s'appelle Belphégor. Il y a aussi une femme qui hante le musée. Beaucoup de personnes pensent que la Joconde hante aussi le musée la nuit.* »

Ses yeux ! **Il semble**[4] qu'elle le regarde. La Joconde regarde Stéphane intensément.

---

[3] **la plus célèbre du monde** - the most famous in the world
[4] **Il semble** - it seems

Est-ce que **c'était**[5] une mauvaise idée ? Il **pensait**[6] que son idée était bonne, mais pas à ce moment !

---

[5] **c'était** - it was
[6] **pensait** - thought

Chapitre 1

Stéphane veut aller au Louvre

Stéphane habite en France. Il habite à Paris, la capitale de la France. En France, il y a beaucoup de musées. Les musées de Paris sont très célèbres. Il y a beaucoup de musées importants à Paris. Il y a le musée d'Orsay, le musée de l'Orangerie, le musée national d'Art moderne, le musée du Louvre et beaucoup d'autres.

Tout le monde va au musée pour voir de l'art. Les musées sont intéressants et importants pour Stéphane. Aller au musée est nécessaire pour comprendre la culture de la France ! Il y a beaucoup de peintures, de sculptures et d'autres formes d'art dans les musées.

Stéphane veut aller dans un musée spécifique. Il veut aller au Louvre pour voir la peinture la plus célèbre du monde. Il veut voir la Joconde. Il veut aussi voir la statue la plus célèbre du monde. Il veut voir la **Victoire de Samothrace**[7].

La mère de Stéphane lui dit que la Joconde est une petite peinture. Le père de Stéphane lui dit que la peinture n'est pas une peinture

---

[7] **Victoire de Samothrace** - Winged victory

ordinaire. Stéphane veut voir la peinture. Il veut la voir **de ses propres yeux**[8]. Son prof lui dit que ce n'est pas une peinture ordinaire, c'est une peinture intéressante et bizarre **en même temps**[9].

Stéphane a un ami. Paul est son meilleur ami. Paul va souvent au musée. En réalité, Paul pense que les musées en France sont stupides, mais ses parents le forcent à y aller. Paul ne pense pas que l'art **soit**[10] intéressant. Mais Stéphane ne pense pas que l'art ou les musées soient

---

[8] **de ses propres yeux** - with his own eyes
[9] **en même temps** - at the same time
[10] **soit** - is

stupides. Il pense que les musées sont intéressants et que l'art est important.

Stéphane regarde beaucoup d'art à l'école, dans les livres, et sur Internet. Stéphane aime regarder l'art sur Internet. Stéphane aime toutes les formes d'art. Mais il veut voir l'art du Louvre. Il veut avoir sa propre expérience au musée du Louvre et voir l'art le plus important de France.

Stéphane **a entendu** [11] beaucoup d'histoires intéressantes au sujet du Louvre. Stéphane veut vraiment aller au Louvre. Paul va souvent au Louvre. Paul voit beaucoup d'art au musée. Stéphane ne va jamais au Louvre ou dans d'autres musées à Paris parce que ses parents travaillent beaucoup.

Stéphane veut voir l'art de ses propres yeux. Il veut aller au musée du Louvre.

---

[11] **a entendu** - heard

Chapitre 2
Son ami Paul

À **17h30**[12], Stéphane arrive chez son ami Paul. Paul habite dans un petit appartement près de l'école. Stéphane pense que les musées sont fascinants. Il pense qu'un voyage au musée est fascinant. Il veut discuter du musée avec son ami Paul.

« Salut, Paul, dit Stéphane.

– Salut, répond Paul. »

Paul et Stéphane vont dans le salon. Stéphane est impatient. Il veut parler du Louvre. Il veut poser beaucoup de

---

[12] **17h30** - 5:30 at night

questions et écouter toutes les histoires de Paul au sujet de ses visites au musée du Louvre.

« Paul, tu **as visité**[13] le Louvre, **n'est-ce pas**[14] ?

– Oui, Je **l'ai souvent visité**[15], répond Paul.

– Tu vas souvent au Louvre ? Je veux que tu m'expliques toutes les choses que tu as vues au Louvre, s'il te plaît ! »

Paul ne veut pas discuter du musée ou l'art. Il ne veut pas discuter de ses expériences au Louvre. Les parents de Paul aiment aller au Louvre, mais pas Paul. Il ne s'intéresse pas aux musées ou à l'art. Mais, il sait que Stéphane est

---

[13] **as visité** - have visited
[14] **n'est-ce pas** - right
[15] **l'ai souvent visité** - have often visited it

vraiment intéressé par le Louvre. Il commence à expliquer ses expériences. Stéphane écoute bien et pense que tout ce que Paul dit est intéressant. En réalité, Paul ne pense pas que c'est intéressant.

« Oh Stéphane, j'ai beaucoup d'histoires au sujet du Louvre. Je vais tout le temps au Louvre. J'y vais beaucoup avec mes parents. L'autre jour, j'étais dans le musée du Louvre et **j'ai vu**[16] la Joconde et toutes sortes de sculptures. Tu sais que le musée est vraiment hanté ?

– Hein ? Le Louvre est hanté ? demande Stéphane.

– Oui, il y a une momie qui hante le musée ! La momie qui hante le musée s'appelle Belphégor, explique Paul. »

---

[16] **j'ai vu** - I saw

Stéphane écoute Paul attentivement.

– Hein ? Il y a une momie qui hante le musée ? demande Stéphane.

– Un jour, j'ai vu une forme marcher devant moi. J'ai regardé plus attentivement et je suis sûr que j'ai vu quelque chose de bizarre. Je suis sûr que j'ai vu la MOMIE ! J'étais surpris, très surpris. Mais peut-être que c'était juste mon imagination.

– Tu as vu la momie ? demande Stéphane. Est-ce que tu **as eu peur**[17] ?

– Non, je n'ai pas eu peur, mais j'étais surpris, répond Paul.

Stéphane veut vraiment aller au Louvre. Paul raconte une autre de ses

---

[17] **as eu peur** - were afraid

expériences dans le musée du Louvre et Stéphane écoute attentivement.

« L'art du Louvre n'est pas fascinant. Mais on dit que tu peux voir les fantômes qui hantent le musée seulement la nuit. »

– Tu as vu la momie la nuit ? demande Stéphane, intéressé.

– Oui, c'était la nuit ! »

Stéphane **ne sait pas grand chose**[18] au sujet du musée. Il écoute Paul et il est très surpris et très intéressé. Après la conversation avec Paul, il s'intéresse vraiment au Louvre !

Stéphane lui dit :

---

[18] **ne sait pas grand chose** - doesn't know much

« Paul, je veux vraiment aller au Louvre.

– Tu n'es jamais allé au Louvre ? demande Paul.

– Non, je ne suis jamais allé au Louvre et je n'ai jamais vu la Joconde ! répond Stéphane.

– Vraiment ? demande Paul, surpris.

– Oui, vraiment. Mes parents travaillent beaucoup mais je veux y aller ! répond Stéphane. Mes parents m'ont un peu parlé des choses qu'il y a au musée du Louvre. Est-ce que tu aimes l'art ? Est-ce que tu penses que les musées sont intéressants ?

– Non, pour moi, l'art et les musées ne sont pas intéressants. Mais je pense que la momie qui hante le Louvre est intéressante ! Le mystère du Louvre est intéressant ! Il y a aussi une femme, la plus importante femme du musée du Louvre : la Joconde ! Beaucoup de personnes pensent que la Joconde hante le musée la nuit, répond Paul. »

Stéphane est fasciné par tout ce que Paul lui dit. Il réfléchit un moment en silence et il dit :

« Je veux aller au Louvre et je veux voir la Joconde et tout l'art de mes propres yeux !

– Je pense que la classe va aller au Louvre. Le prof d'art va au musée du Louvre **chaque année**[19] avec sa classe, explique Paul.

---
[19] **chaque année** - every year

– Vraiment ? demande Stéphane, intéressé.

– Oui, j'en suis sûr, dit Paul. »

Chapitre 3

La momie Belphégor et la Joconde

Après sa visite chez Paul, Stéphane retourne chez lui. Il pense à sa conversation avec Paul. Il pense que ses histoires du Louvre sont très intéressantes ! Il pense à la Joconde et à la momie, Belphégor. Il est fasciné par l'histoire du musée et par les fantômes qui hantent peut-être le musée.

Il va chercher son ordinateur portable. Sur son ordinateur, il commence à chercher des informations sur le musée, sur la momie Belphégor et sur la Joconde.

Stéphane regarde beaucoup de photos du musée. Stéphane regarde des photos des grandes salles du musée et il est fasciné. Il regarde les peintures et les sculptures. Il regarde beaucoup d'art différent. Stéphane sait que le musée a beaucoup d'art. Il cherche la forme d'art la plus célèbre au Louvre et il découvre que la Joconde est la peinture la plus vue au monde. Il pense à sa conversation avec Paul : « *Beaucoup de personnes pensent que la Joconde hante le musée la nuit.* »

Est-ce que Paul a vraiment vu un fantôme au Louvre ? Est-ce possible de voir le fantôme d'une momie si on visite le musée la nuit ? Si Paul **pense avoir vu**[20] un fantôme au musée la nuit, on peut sûrement voir un fantôme au musée la nuit !

---

[20] **pense avoir vu** - thinks he saw

Il continue à lire des articles sur le musée. Il découvre un article intéressant sur la momie Belphégor. Il commence à lire l'article :

Selon[21] beaucoup de personnes qui travaillent dans le musée du Louvre et aussi beaucoup de touristes, il y a une forme mystérieuse qui marche dans les salles et les couloirs du Louvre. Cette forme mystérieuse hante les salles du musée. Beaucoup de personnes pensent que cette forme est la momie Belphégor. Personne ne voit cette forme pendant la journée. Cette forme est seulement visible la nuit. C'est un mystère, un grand mystère.

Stéphane n'en croit pas ses yeux. Il crie : on peut seulement voir cette forme la nuit !

Il continue à chercher plus d'informations sur la Joconde. Il lit un article qui dit :

---

[21] **selon** - according to

Il y a en fait[22] trois musées du Louvre dans le monde. Il y a le Louvre qui se trouve à Paris, un musée du Louvre à Lens, dans le Nord de la France et un autre à Abu Dhabi[23].

Stéphane est fasciné par l'article. « *Il y a trois musées du Louvre ! Que c'est intéressant !* pense Stéphane. » Il continue à lire :

La Joconde est une peinture fascinante. Cette peinture est aussi un peu mystérieuse. Quand on regarde la peinture, il semble qu'elle vous regarde aussi. Ses yeux semblent pénétrants. Ses yeux continuent à vous regarder même si vous ne la regardez pas. On ne sait pas si elle hante le musée ou si son regard fixe[24] hante les personnes qui la regardent. C'est un mystère. C'est le mystère du Louvre.

---

[22] **en fait** - in fact
[23] **Abu Dhabi** - The capital of the United Arab Emirates
[24] **regard fixe** - stare

Stéphane n'arrête pas de penser à Paul et à son histoire du Louvre la nuit. Il veut explorer le Louvre la nuit. Il veut regarder la Joconde en face ! Il veut voir son regard fixe ! Peut-être même qu'il va voir un fantôme !

Chapitre 4
Stéphane a une idée

Le **lendemain**[25] Stéphane se réveille. Il se réveille avec une idée. Il pense qu'il a une bonne idée. Stéphane a une idée différente. En réalité, ce n'est pas une idée intelligente. Il ne veut pas juste regarder l'art au Louvre. Il a une autre idée ! Il veut explorer le Louvre la nuit et chercher un fantôme.

Stéphane va à l'école. Il est en classe quand son prof lui annonce : « Ce week-end, la classe va aller au Louvre ! On va visiter le musée le plus célèbre du monde ! »

---

[25] **lendemain** - next day

Enfin ! Il peut voir la Joconde en face, de ses propres yeux.

Stéphane **n'arrive pas** [26] à se concentrer le reste de la journée. Il est complètement **obsédé** [27] par son idée d'explorer le Louvre la nuit et par l'annonce en classe. UNE VISITE AU LOUVRE !

Il ne comprend pas pourquoi Paul n'aime pas les musées. Il veut persuader Paul d'explorer le musée la nuit avec lui. Il veut lui expliquer qu'il **a trouvé** [28] beaucoup d'informations sur le musée et qu'on a vraiment vu les fantômes du Louvre la nuit.

Après l'école, Stéphane va à la maison et il entre dans le salon pour parler avec

---

[26] **n'arrive pas** - can't
[27] **obsédé** - obsessed
[28] **a trouvé** - found

son père. Son père lui demande : « Qu'est-ce que tu fais, Stéphane ? »

Stéphane lui répond : « Papa, est-ce que tu as déjà visité le Louvre ? J'ai parlé à Paul. Paul va tout le temps au musée avec ses parents. Il m'a dit que la momie Belphégor et la Joconde hantent le musée ! »

Son père le regarde avec une expression sérieuse. Il lui dit :

« Oui, je l'ai visité. Le Louvre n'est pas hanté et les fantômes n'existent pas. Stéphane, tu as une grande imagination.

– Le Louvre est intéressant ! Papa, il y a plus de quinze mille personnes qui visitent le Louvre chaque jour ! C'est intéressant, non ? dit Stéphane avec enthousiasme. »

Son père regarde Stéphane et il répond :

« Oui, Stéphane, c'est très intéressant.

– Papa, est-ce que tu sais que le Louvre est le musée le plus visité du monde ? C'est incroyable, non ? dit Stéphane.

– Oui, Stéphane. C'est un musée avec beaucoup d'art important, explique son père.

– Papa, j'ai trouvé quelques articles en ligne sur le Louvre et il y a quelques personnes qui pensent qu'elles aussi ont vu un fantôme.

– Un fantôme ? C'est absurde, Stéphane ! dit son père. »

Stéphane ne répond pas parce qu'il est **distrait**[29]. Il pense aux fantômes et à la réponse de son papa : « *Stéphane, le Louvre n'est pas hanté et les fantômes n'existent pas. Tu as une grande imagination.* » Pourquoi son père ne pense pas que le musée soit hanté ? Il n'a pas une grande imagination.

Après sa conversation avec son père, Stéphane veut parler à Paul. Il va dans sa chambre. Il veut lui expliquer son idée. Il prend son portable pour écrire un texto à Paul :

> *Paul, j'ai une bonne idée ! Je veux te l'expliquer !*

---

[29] **distrait** - distracted

Stéphane veut aller au musée avec sa classe mais il y a un problème : son prof ne va pas aimer son idée. Son prof ne va pas être content s'il explore le musée la nuit sans le groupe !

Chapitre 5

Quelle idée !

Le lendemain, Stéphane se réveille et regarde immédiatement son portable. Il voit un texto de Paul. Le texto dit :

> ***Quelle idée ? Dis-moi !***

Stéphane pense à son idée. Il veut expliquer son idée à Paul, mais il ne peut pas l'expliquer par texto.

Il va rapidement dans le salon et voit son père. Il lui demande :

« Papa ! Papa ! Je peux aller chez Paul après l'école aujourd'hui ?

– Non, Stéphane, tu dois faire tes devoirs après l'école.

– Papa, s'il te plaît ! »

Son papa ne répond pas immédiatement. Il regarde Stéphane d'un air sérieux.

« Papa, je peux faire mes devoirs chez Paul après l'école. S'il te plaît... »

Son père réfléchit et finalement lui dit :

« OK, mais tu dois me montrer tes devoirs ce soir quand tu rentres à la maison. Tu comprends ?

– Oui, je comprends. »

Un moment plus tard, il court dans sa chambre. Il prend son portable et il écrit un texto à Paul :

> *Après l'école je peux t'expliquer mon idée chez toi.*

Après un moment, il y a un texto de Paul :

> *O.K. Après l'école !*

Tout à coup, son père entre dans sa chambre.

Il lui dit :

« Stéphane, tu dois aller à l'école. **Allons-y**[30] !

– Oui Papa ! J'arrive, lui répond Stéphane. »

---

[30] **allons-y** - let's go

Chapitre 6
Son idée

Stéphane va en cours mais il n'arrive pas à se concentrer. Son idée sur le Louvre **l'obsède**[31].

Après l'école, Stéphane va chez Paul. Immédiatement, quand il entre dans la maison de Paul, il entend :

« Stéphane, quelle est ton idée ?

– J'ai une bonne idée ! répond Stéphane.

– Dis-moi ! s'exclame Paul.

---

[31] **l'obsède** - obsesses him

– Ce week-end quand nous allons au Louvre, je veux me séparer du groupe pour explorer le musée la nuit ! Tu veux explorer le musée avec moi ?

– Hein ? Tu veux rester au Louvre seul la nuit ? demande Paul.

– Oui ! C'est une bonne idée, n'est-ce pas ? demande Stéphane. »

Paul ne répond pas. Il regarde Stéphane, quand soudain il entend :

– Paul ? Tu dois faire tes devoirs ! Viens à la cuisine avec Stéphane ! dit la mère de Paul. »

Les deux garçons vont à la table de la cuisine pour faire leurs devoirs. Stéphane ne peut pas continuer sa conversation avec Paul parce que sa mère est dans la cuisine. Stéphane ne s'intéresse pas à ses devoirs. Il pense à son idée. C'est une excellente idée ! Il pense au Louvre. Après quelques temps, Stéphane regarde l'heure. Il est 6h00 du soir. Stéphane met ses devoirs dans son sac à dos et **chuchote**[32] :

« Paul, qu'est-ce que tu penses de mon idée ?

– Je pense que ton idée est impossible. Ha, ha, ha... chuchote Paul.

– Hein ? Pourquoi est-ce que mon idée est impossible ? demande Stéphane.

– J'ai déjà visité le Louvre la nuit. C'est impossible d'explorer le musée seul. Il y a des gardes de sécurité partout dans le musée.

---

[32] **chuchote** - whispers

– C'est possible ! Je vais penser à un plan ! répond Stéphane. »

Stéphane rentre chez lui. Il est déterminé à préparer un plan. Il regarde sur Internet et cherche des photos et des **plans du musée**[33]. Pendant qu'il les regarde, il a beaucoup d'idées. Il pense à un plan et il imagine comment il va se séparer du groupe au Louvre la nuit.

Pendant qu'il surfe sur Internet, il voit beaucoup de plans du musée et beaucoup d'informations au sujet du musée. Il voit un article qui dit :

Personne ne peut être dans le musée seul la nuit. C'est interdit !

Stéphane se demande : « *Pourquoi est-ce que c'est interdit d'être dans le musée la nuit ? Peut-être personne ne peut être dans*

---

[33] **plans du musée** - maps/layouts of the museum

*le musée la nuit **à cause de**[34] la momie et des fantômes ? »*

À ce moment-là, il voit un plan du musée qui ne ressemble pas aux autres plans du Louvre. Le plan du musée dit : « Pour voir la momie de Belphégor ». Il n'en croit pas ses yeux. Il se dit : « *Il y a un plan du musée pour voir la momie de Belphégor ?!* »

Il commence à regarder le plan du musée quand il entend son père lui crier :

« Stéphane, il est **21h00**[35] ! Va au lit ! »

Stéphane met l'ordinateur portable par terre. Il regarde son portable. Il est fasciné par cet article et par la photo du plan du musée en ligne. Il écrit un texto à Paul :

---

[34] à cause de - because of
[35] 21h00 - 9:00 at night

J'ai vu un plan du musée intéressant sur Internet ! Je peux t'expliquer demain !

Chapitre 7
L'ordinateur portable

Le lendemain, Stéphane se réveille et prend immédiatement son ordinateur. Il regarde le plan du Louvre. Stéphane comprend que le plan du musée n'est pas un plan du musée normal. Le plan du musée est différent. Il a besoin d'une copie du plan. Mais comment ? Il a une idée ! Il peut **imprimer**[36] une copie du plan du musée à l'école. Ce n'est pas une bonne idée d'imprimer le plan du musée à la maison. Son père va peut-être le voir.

Il met ses devoirs et ses livres dans son sac à dos. Il entend son portable. Il le prend et il voit un texto de Paul.

---

[36] **imprimer** - to print

Quel plan du musée ?

Stéphane crie très fort : « Quel plan du musée ? Le plan du musée le plus important du monde ! »

À ce moment-là, il va à la porte pour sortir de sa chambre quand tout à coup son père répond : « Le plan du musée le plus important du monde ? De quoi parles-tu, Stéphane ? »

Stéphane panique ! Il réfléchit rapidement et il dit :

« Le plan du musée... Le plan le plus important pour le cours... d'histoire !

– Stéphane, tu as ton ordinateur portable ? »

Stéphane ne répond pas immédiatement. Il regarde son ordinateur portable sur le lit. Il peut voir le plan du musée... Oh non, le plan du musée ! Il ne veut pas que son père **voie**[37] le plan.

À ce moment-là, son père entre dans sa chambre :

« Qu'est-ce que tu fais, Stéphane ? demande son père.

– Hein ? Rien....

– Stéphane, est-ce que tu as ton ordinateur portable ? Son père regarde le lit et il voit l'ordinateur.

– Oui, répond Stéphane, paniqué. »

Il ne veut pas que son père voie le plan des fantômes du Louvre.

---

[37] **voie** - sees

« Qu'est-ce que tu regardes sur Internet ? lui demande son père, curieux.

– Oh... Juste quelques informations au sujet du Louvre... pour une **sortie scolaire** [38], répond Stéphane nerveusement. »

Son père prend l'ordinateur et lui dit :

« Tu dois aller à l'école et je dois aller au travail ! Allons-y !

– Oui Papa ! J'arrive, lui répond Stéphane nerveusement. »

Son père sort de la chambre de Stéphane. Stéphane prend rapidement son portable et il sort de sa chambre.

Stéphane va rapidement dans la voiture de son père. Dans la voiture,

---
[38] **sortie scolaire** - field trip

Stéphane est silencieux. Il ne parle pas parce qu'il pense au plan du musée. Il veut explorer le Louvre. Il est un peu anxieux... Et si son prof **découvrait**[39] son plan ?

Finalement, il arrive à l'école. Son père lui dit :

« Au revoir, Stéphane. N'oublie pas de me téléphoner après l'école !

– Oui, au revoir. »

À ce moment-là, Stéphane prend son portable et voit un texto de Paul.

> *Tu es à l'école ? Je suis devant la cafétéria.*

---

[39] **découvrait** - discovered

Stéphane met son portable dans son sac à dos et il entre rapidement dans l'école.

Chapitre 8

Le plan du musée

Stéphane est anxieux ! Il pense au plan du musée sur son ordinateur portable et il se dit : « *C'est un problème ! Mon père va voir le plan !* » Stéphane voit Paul devant la cafétéria.

« Stéphane, qu'est-ce que tu veux m'expliquer ? demande Paul impatient.

– Je pense que j'ai une idée pour explorer le musée la nuit ! chuchote Stéphane.

– Hein ? Comment ? Dis-moi !

– Oui, je peux tout t'expliquer, mais je dois aller à la bibliothèque pour imprimer le plan du musée que j'ai trouvé en ligne. Tu veux y aller avec moi ? demande Stéphane.

– Le plan du musée ? Je ne comprends pas, répond Paul.

– Allons-y. Je vais tout t'expliquer.

Les deux garçons vont à la bibliothèque. Dans la bibliothèque, Stéphane explique tout à Paul. Il explique tout au sujet du plan.

« Stéphane, pourquoi tu veux imprimer un plan du musée ? Quel plan du musée ? demande Paul impatient.

– Paul, j'ai une idée pour explorer le musée la nuit ! chuchote Stéphane.

– Hein ? Comment ? demande Paul.

– Oui, j'ai trouvé un plan du Louvre sur Internet. Mais, pas juste un plan du musée, un plan pour voir un fantôme au musée ! C'est incroyable.

– Je ne comprends pas, répond Paul.

– Ne t'inquiète pas ! J'ai une bonne idée ! répond Stéphane. »

Stéphane finit d'imprimer le plan du musée à la bibliothèque. Il met le plan du musée dans son sac à dos et les deux garçons vont en cours.

Après l'école, les deux garçons regardent attentivement le plan du musée. Ils parlent du plan du musée et du musée. Ils parlent de leur idée pour se séparer du groupe.

Finalement, Stéphane et Paul retournent à leurs maisons. À la maison Stéphane va dans sa chambre pour faire ses devoirs. Il regarde beaucoup le plan du musée et finalement il met le plan du musée dans son sac à dos et il va au lit.

...

Le lendemain, à **17h00** [40], son père annonce qu'ils vont aller à l'école pour la sortie scolaire. Stéphane, plus content que jamais, prend son sac à dos sans voir que

---

[40] **17h00** - 5:00 at night

le plan du musée tombe par terre. Il court
à la voiture de son père.

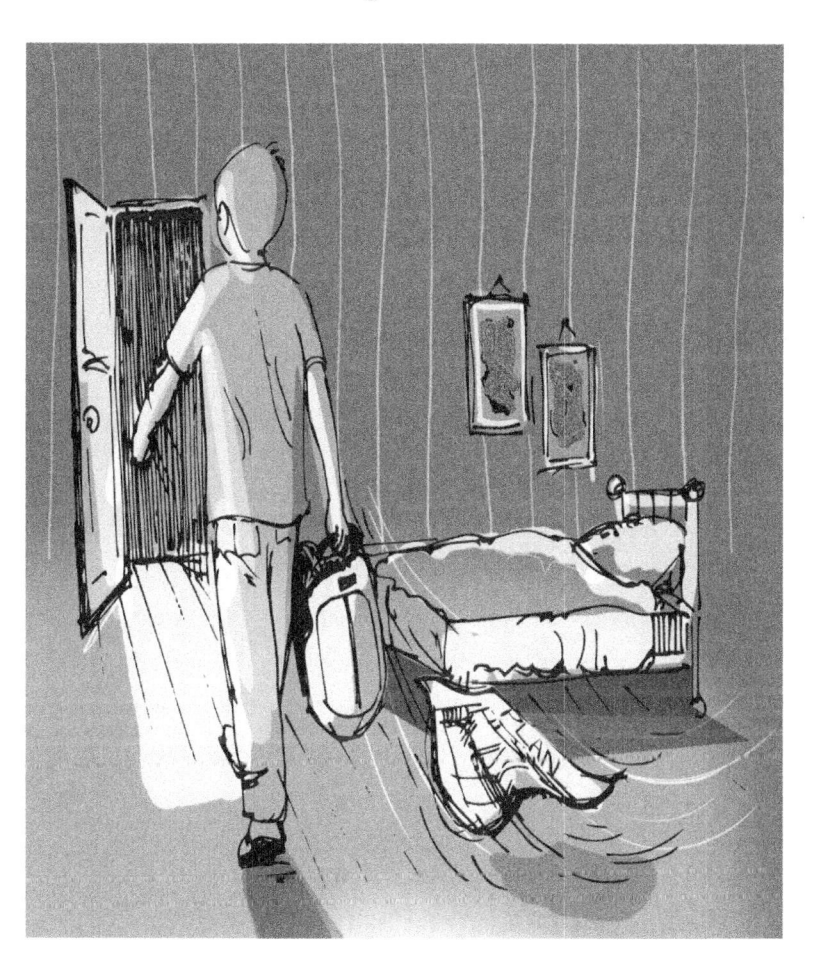

Chapitre 9
Un problème

Quelques minutes plus tard, Stéphane arrive à l'école. C'est l'heure d'aller au Louvre.

Son père lui dit dans la voiture :

« Stéphane, tu as tout pour la sortie scolaire ?

– Oui, papa !

– O.K. Amuse-toi bien !

– Merci papa. »

Stéphane voit Paul devant le bus et marche vers lui.

« Salut, Stéphane ! Est-ce que tu as le plan du musée ? dit Paul.

– Salut, Paul ! Oui, j'ai le plan ! »

À ce moment-là, Stéphane cherche le plan dans son sac à dos. Il commence à paniquer un peu. Paul voit qu'il est un peu paniqué.

« Stéphane pourquoi est-ce que tu sembles anxieux ? demande Paul.

– Paul ! Le plan du musée n'est pas dans mon sac à dos ! Je suis sûr qu'il était là.

– Tu n'as pas le plan ! crie Paul. Où est le plan ?

– Je ne sais pas. OH NON, je ne peux pas explorer le musée sans le plan ! s'exclame Stéphane. »

À ce moment-là, les deux garçons entendent leur prof d'art :

– OK, Allons-y ! Dans le bus !

Paul regarde Stéphane, paniqué et il y a un moment de silence. Les deux garçons montent dans le bus et à ce moment-là, Paul dit :

« J'ai une idée ! »

Paul prend son portable et le regarde en silence pendant un moment.

« Tu n'as pas le plan du musée, mais ne panique pas, j'ai une autre idée, explique Paul.

– Quelle autre idée ? demande Stéphane.

– Je vais trouver le plan du musée en ligne sur mon portable, explique Paul.

– Oh, quelle bonne idée, Paul ! s'exclame Stéphane. »

Après quelques minutes, avec l'aide de Stéphane, Paul trouve le même plan du musée sur son portable. Il **enregistre**[41] la photo du plan sur son portable. Dans le bus, les deux garçons parlent du plan du musée et du plan pour explorer le musée la nuit.

« Paul, dans quelques heures, il est possible que je voie un fantôme. **J'ai hâte**[42] ! explique Stéphane. »

Finalement, à **18h00**[43], le bus arrive devant le Louvre.

---

[41] **enregistre** - saves
[42] **J'ai hâte** - I can't wait
[43] **18h00** - 6 :00 at night

Chapitre 10
À l'entrée du Louvre

Dans le bus, le prof d'art annonce :

« OK tout le monde, écoutez ! Dans un moment, on va entrer dans le musée du Louvre. Il est important que chaque personne me donne son portable. J'interdis d'avoir les portables dans le musée ! Tout le monde doit bien écouter le guide pendant le tour. »

Stéphane et Paul se regardent. Stéphane regarde le portable de Paul. Il semble que Paul soit un peu paniqué. Stéphane est paniqué aussi et lui chuchote :

« Tu entends ça ? Tu ne peux pas avoir ton portable dans le musée !

– Oui, j'ai entendu, répond Paul.

– Qu'est-ce qu'on va faire ? C'est impossible d'explorer le musée la nuit et de voir un fantôme sans le plan du musée ! dit Stéphane. »

À ce moment-là, Paul regarde son ami avec une expression sérieuse et lui dit :

« Stéphane, ce n'est pas impossible si j'ai mon portable. Donne-moi ton sac à dos. »

Stéphane n'a pas le temps de réfléchir. Il lui donne son sac à dos.

Paul met rapidement son portable dedans.

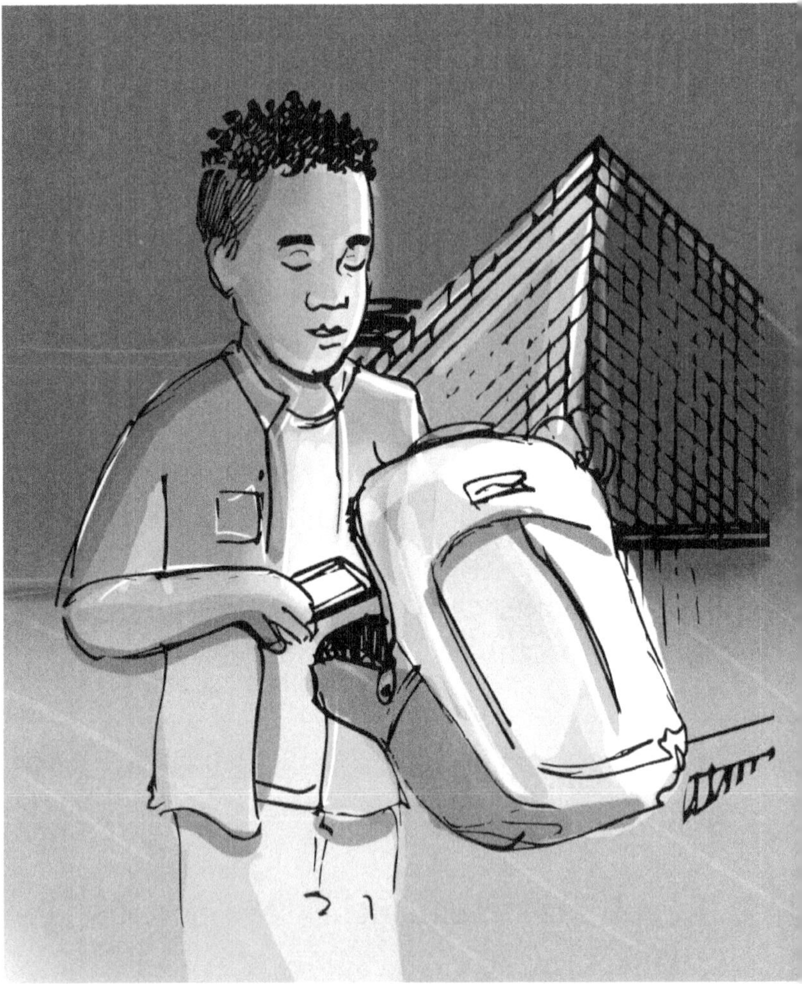

« OK tout le monde, allons-y ! dit leur prof. »

Les deux garçons marchent vers l'entrée du musée quand le prof leur demande :

« Les portables, s'il vous plaît.

– Je n'ai pas mon portable avec moi, répond Paul immédiatement.

– Et toi, Stéphane ? »

Stéphane ne dit rien. Il est anxieux, mais il lui donne son portable en silence.

Il marche et à ce moment-là, il voit la PYRAMIDE ! C'est la pyramide de verre. La pyramide de verre du Louvre ! C'est incroyable ! Stéphane n'en croit pas ses yeux. Pour lui, c'est incroyable que beaucoup de personnes n'aient pas aimé cette pyramide quand elle **a été construite**. Il a vu sur Internet que la pyramide a été construite en 1986 par un architecte chinois-américain qui s'appelle I.M. Pei.

Il regarde fixement la pyramide. À ce moment-là, il ne pense pas aux fantômes ! Il regarde attentivement le musée.

« Le musée est incroyable ! s'exclame Stéphane.

– Stéphane ! Écoute-moi ! dit Paul.

– Hein ? Oh, oui je t'écoute, répond Stéphane.

– Nous devons vérifier l'idée pour nous séparer du groupe, dit Paul.

– Paul, on peut vérifier l'idée : on va attendre. Quand le groupe sort du musée, **on va se cacher**[44] aux toilettes, explique Stéphane. »

Le prof d'art annonce aux étudiants.

---

[44] **on va se cacher** - we are going to hide

« O.K. tout le monde, si vous avez un sac ou un sac à dos, entrez avec moi. Les agents de sécurité vont **fouiller**[45] les sacs. Les autres, entrez avec Madame Dupont. »

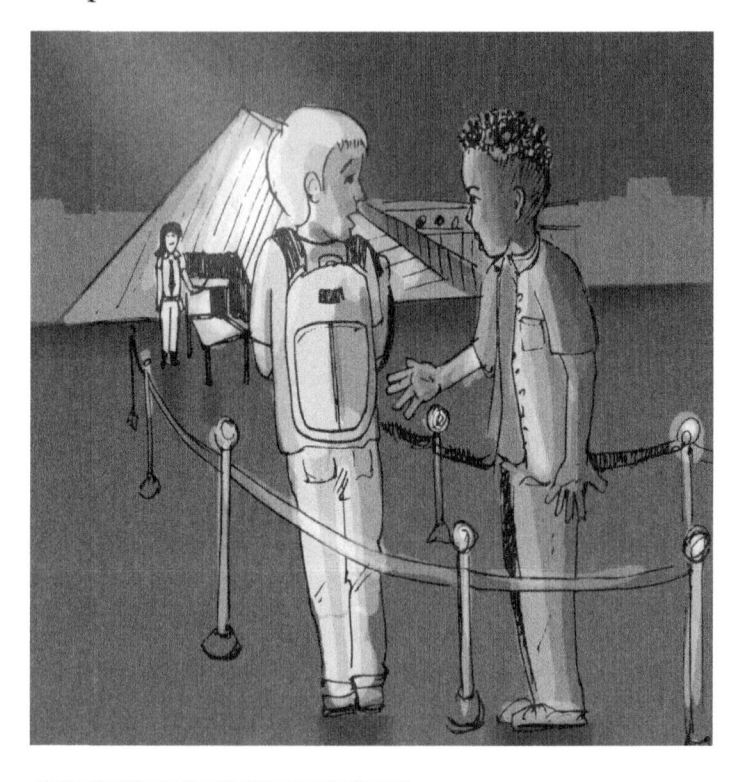

---

[45] **fouiller** - to search

Stéphane et Paul se regardent. Paul regarde le sac à dos de Stéphane. Il remarque que Stéphane est un peu paniqué.

« Tu entends ça ? Les agents de sécurité vont fouiller les sacs ! dit Stéphane.

– Oui, j'ai entendu ça, répond Paul.

– Paul, ton portable ! dit Stéphane, paniqué. »

Chapitre 11

Dans le musée du Louvre

Stéphane marche avec les autres qui ont un sac à dos et il est anxieux. Il continue à regarder Paul derrière lui. C'est son tour de donner son sac à dos à l'agent de sécurité. L'agent de sécurité regarde Stéphane et lui dit :

« Mets ton sac à dos sur la table, s'il te plait. »

Stéphane met lentement son sac à dos sur la table. À ce moment-là, il voit son prof qui le regarde attentivement. Il panique et ses mains tremblent. L'agent de sécurité ouvre son sac à dos. Stéphane regarde son prof avec de grands yeux. Le garde regarde dedans quand tout à coup, un autre agent de sécurité lui crie :

« Alain, viens voir, s'il te plaît ! »

Stéphane n'en croit pas ses yeux ! Le garde n'a pas vu le portable ! Il peut accomplir son plan ! Quelques minutes plus tard, il entre dans le Louvre avec Paul et le groupe.

« Paul, le garde n'a pas vu ton portable dans mon sac à dos ! C'est incroyable ! dit Stéphane.

– Je sais, maintenant nous avons le plan du musée et une bonne idée ! répond Paul. »

Le groupe marche pendant deux heures de salle en salle en regardant les peintures, les sculptures et beaucoup d'autres formes d'art. Le groupe écoute le prof d'art qui explique l'histoire de l'art et l'importance de l'art.

Stéphane comprend maintenant pourquoi le musée du Louvre est dans un ancien palais royal. Le palais était énorme et le Louvre a une collection énorme d'art ! À ce moment-là, le groupe regarde la Victoire de Samothrace. Stéphane regarde la sculpture et il est fasciné.

Après ça, leur prof annonce :

« Maintenant, tout le monde, nous allons entrer dans la salle de la Joconde ! C'est la dernière salle de notre visite. La plus célèbre peinture du monde ! Normalement, il y a beaucoup de touristes dans cette salle ! Il est important de rester **ensemble**[46]. »

Stéphane et Paul se regardent. Les deux attendent une minute et, au

---

[46] **ensemble** - together

moment où le groupe entre dans la salle, ils courent aux toilettes.

Stéphane et Paul attendent silencieusement aux toilettes. Après 15 minutes, il y a une annonce qui dit :

« Votre attention, s'il vous plaît ! Tout le monde doit sortir du Louvre dans 10 minutes. Merci de votre visite et bonne soirée ! »

Stéphane regarde Paul en silence. Il est un peu anxieux. Paul lui dit :

« Stéphane, regarde le portable, quelle heure est-il ? »

Stéphane ouvre son sac à dos et il regarde le portable de Paul pour l'heure. Mais il y a un problème, le portable ne fonctionne pas.

« Paul, il y a un problème avec ton portable ! La batterie **est déchargée**[47] ! explique Stéphane, paniqué. »

Paul le regarde mais il ne répond pas.

« Paul, tu entends ça ? Le portable ne fonctionne pas ! dit Stéphane.

– Oui, j'ai entendu ça, répond Paul.

– Paul, qu'est-ce que on va faire ? demande Stéphane, paniqué.

– Je ne sais pas ! On va explorer sans le plan du musée. On n'a pas de choix, s'exclame Paul, paniqué.

Ils attendent patiemment aux toilettes pendant longtemps, en silence.

Tout à coup, tout est noir.

---

[47] **est déchargée** - is not charged

« Tu penses que tout le monde est sorti ? demande Stéphane.

– Oui, tout est noir et je n'entends personne. »

Les deux garçons sortent des toilettes quand tout à coup ils entendent un bruit. Stéphane regarde Paul avec de grands yeux. Ses mains tremblent. Stéphane regarde Paul et il semble anxieux aussi.

Chapitre 12

Mystère au Louvre

« Je vais vérifier que nous sommes seuls dans le musée ! dit Paul, paniqué. »

Stéphane le regarde avec une expression sérieuse :

« O.K., mais rapidement. »

Paul marche dans le corridor. Stéphane attend Paul. Finalement, il voit une silhouette **au loin**[48]. « Paul, c'est toi ? » Mais personne ne répond. La silhouette ne marche pas. À ce moment-là, Stéphane pense : « *Est-ce que c'est possible*

---

[48] **au loin** - in the distance

? Est-ce que c'est la momie de Belphégor ? Non, c'est juste Paul ! »

Il court vers la figure et crie : « Paul ! C'est moi Stéphane. »

La silhouette n'est plus là. Stéphane ne comprend pas. La silhouette **a disparu**[49].

Tout est noir. Tout est silencieux. Stéphane est silencieux. Il n'y a personne dans le musée. Stéphane est tout seul. Où est Paul ? Il a un peu peur. Il est aussi un peu anxieux... Il pense à toutes les histoires de Paul. Il pense à toute l'information qu'il a trouvée sur Internet. Il pense à son prof... Quand son prof va découvrir qu'il n'est pas avec le groupe ! Oh là là !

---

[49] **a disparu** - disappeared

Il marche lentement en silence et soudain il voit une peinture. Immédiatement, il comprend. C'est la peinture. C'est la Joconde !

Il la regarde en silence. Tout est noir mais il peut voir... ses yeux. Il marche lentement vers la Joconde. Quand il marche vers la peinture, il ne regarde pas ses yeux. Il regarde par terre. Finalement, il arrive devant la peinture la plus célèbre du monde.

À ce moment-là, il entend un bruit. Stéphane panique ! Il pense à la momie ! Il pense à sa conversation avec Paul qui a dit : « *Tu sais que le musée est vraiment hanté ? Oui, il y a une momie qui hante le musée ! La momie qui hante le musée s'appelle Belphégor. Il y a aussi une femme qui hante le musée. Beaucoup de personnes pensent que la Joconde hante aussi le musée la nuit.* »

Ses yeux ! Il semble qu'elle le regarde. La Joconde regarde Stéphane intensément. Stéphane est paralysé par son regarde fixe.

Est-ce que c'était une mauvaise idée ? Il pensait que son idée était bonne, mais pas en ce moment !

Il entend un autre bruit derrière lui. Il **se retourne**[50] lentement. Devant lui, il voit une silhouette. Il regarde la silhouette avec de grands yeux.

---

[50] **se retourne** – turns around

Il commence à courir dans l'autre direction quand il entend :

« Qu'est-ce que tu fais dans le musée la nuit ? C'est interdit ! Viens ici maintenant ! Ton ami est déjà avec moi. **Qu'est-ce que tu imaginais**[51] ? On ne peut pas explorer le musée la nuit ! C'est interdit ! »

Stéphane s'arrête immédiatement. Il est paralysé par la peur. Ce n'est pas la momie ! C'est un agent de sécurité ! À ce moment-là, il comprend que c'était une mauvaise idée, une très mauvaise idée d'explorer le musée la nuit.

_____

[51] **Qu'est-ce que tu imaginais ?** - What were you thinking?

Glossaire

A

a - has
absurde - absurd
accomplir - to accomplish
ai - have
aide - helps
aime - like(s)
aiment - like
aimer - to like
aimes - like
aimé - liked
air - way
aller - to go
allons - go
allé - went
ami - friend
américain - American
annonce - announces; announcement
année - year
anxieux - anxious, worried
appartement - appartment
appelle - calls
après - after
architecte - architect
arrête - stops
arrive - arrives

art - art
article(s) - article(s)
as - have
attend - waits
attendent - wait
attendre - to wait
attention - attention
attentivement - attentively
au - to the, in the, at the
au sujet de - about
aujourd'hui - today
au revoir - goodbye
aussi - also
autre(s) - other
autres - others
aux - about the, in the, to the
avec - with
avez - have
avoir - to have
avons - have

B

batterie - battery
beaucoup - a lot
besoin - need
bibliothèque - library
bien - well
bizarre - strange
bon - good
bonne - good
bruit - noise
bus - bus

C

cacher - to hide
cafétéria - cafeteria

capitale - capital
ce - this
célèbre - famous
cet - this
cette - this
chambre - bedroom
chaque - each
cherche - looks for
chercher - to look for
chez - at the house of
chinois - Chinese
chose(s) - thing(s)
classe - class
commence - starts
comment - how
complètement - completely
comprend - understands
comprendre - to understand
comprends - understand
concentrer - to concentrate
content - happy
continue - continues
continuent - continue
continuer - to continue
conversation - conversation
copie - copy
corridor(s) - hallway(s)
(tout à) coup - all of a sudden
courent - run
courir - to run
cours - run
court - runs
crie - yells

crier - to yell
croit - believes
cuisine - kitchen
culture - culture
curieux - curious

D

d' - of, from
dans - in
de - of
découvre - discovers
découvrir - to discover
dedans - inside
déjà - already
demande - asks
dernière - last
derrière - behind
des - some

déterminé - determined
deux - two
devant - in front
devoirs - homework
devons - have to
différent(e) - different
direction - direction
dis - say
discuter - to discuss
dit - says
dois - have to
doit - has to
donne - gives
donner - to give
du - of the

E

école - school
écoute - listens
écouter - to listen
écoutez - listen
écrire - to write
écrit - writes
elle - she
elles - they
en - in
enfin - finally
énorme - enormous
entend - hears
entendent - hear
entends - hear
enthousiasme - enthusiasm
entre - enters
entrent - enter
entrer - to enter
entrez - enter
entrée - entrance
es - are
est - is
et - and
excellente - excellent
s'exclame - exclaims
existent - exist
expérience(s) - experience(s)
explique - explains
expliquer - to explain
expliques - explain
explore - explores
explorer - to explore
expression - expression

F

face - face
faire - to do, make
fais - are doing
fantôme(s) - ghost(s)
fascinante - fascinating
fascinant(s) - fascinating
fasciné - fascinated
femme - woman
figure - figure
finalement - finally
finit - finishes
fixement - fixedly
fonctionne - functions, works
forcent - force
forme(s) - form(s)
fort - strong

G

garçons - boys
garde(s) - guard(s)
grand(s) - big
grande(s) - big
groupe - group
guide - guide

H

habite - lives
hante - haunts
hantent - haunt
hanté - haunted
hein - huh
heure(s) - hour(s); o'clock

histoire - story; history
histoires - stories

I

ici - here
idée(s) - idea(s)
il - he
ils - they
imagination - imagination
imagine - imagines
immédiatement - immediately
impatient - impatient
importance - importance
important(s) - important
importante(s) - important
impossible - impossible
imprimer - to print
incroyable - incredible
information(s) - information
intelligente - smart
intensément - intensely
interdis - forbid
interdit - forbidden
intéressant(s) - interesting
intéressante(s) - interesting
intéressé - interested

J

j' - I
jamais - never
je - I
jour - day
journée - day
juste - just

L

l' - the; him; it
la - the; her; it
le - the; him; it
lendemain - the next day
lentement - slowly
les - the
leur - their; to them
leurs - their
ligne - line
lire - to read
lit - bed
livres – books
l'obsède - obsesses him
longtemps - a long time
lui - to him, her

M

m' - me, to me
ma - my
madame - Mrs.
mains - hands
maintenant - now
mais - but

maison - house
marche - walk, walks
marchent - walk
marcher - to walk
mauvaise - bad
me - me, to me
meilleur - best
merci - thanks
mes - my
met - puts
mets - put
mille - thousand
minutes - minutes
moderne - modern
moi - me
moment - moment
momie - mummy
mon - my
monde - world
montent - get on
montrer - to show
musée(s) - museum(s)
mystère - mystery
mystérieuse - mysterious

N

n'... pas - not
national - national
nécessaire - necessary
ne...jamais - never

ne...pas - does not
ne...plus - no longer
nerveusement - nervously
noir - night
non - no
normale - normal
normalement - normally
notre - out
nous - we
nuit - night

O

on - we
ont - have
ordinaire - ordinary
ordinateur portable - laptop computer
ou - or
où - where
oublie - forget
oui - yes
ouvre - opens

P

paniqué - panicked
par - through, by
paralysé - paralyzed
parce que - because
parfaite - perfect
parle - talks
parlent - talk

parler - to talk
parles - are talking
partout - everywhere
pas - not
passé - past
peinture - painting
pendant - during
pense - thinks, think
penser - to think
penses - think
pensez - think
pensées - thoughts
père - father
personne - no one, nobody
personnes - people
petite - small

peu - little bit
peur - fear
peut - can
peux - can
photo - photo
phrase - sentence
plus - more
(la) plus - (the) most
ne...plus - no longer
portable - cellphone
porte(s) - door(s)
possible - possible
pour - for, in order to
pourquoi - why
pouvons - can
prend - takes

problème - problem

Q

qu' - that; what
qu'est-ce que - what
quand - when
que - that
quelle - which, what
quelque(s) - some
questions - questions
qui - who
quinze - fifteen
quoi - what

R

raconte - tells
rapidement - quickly
réalité - reality
réfléchir - to think
réfléchit - thinks
regard fixe - fixed look, stare
regardant - looking
regarde - looks
regardent - are looking at; look at
regarder - to look at

regardes - are looking at; look at
regardez - look
remarque - notices
rentre - returns
rentrent - return
rentrer - to return
répond - responds
réponse - response
ressemble à - looks like
reste - stays
rester - to stay
retourne - returns
rien - nothing
royal - royal

se réveille - wakes up

S

sa - her
sac à dos - back pack
sacs - bags
sais - know
sait - knows
salle(s) - room(s)
salon - living room
salut - hi
sans - without
s'appelle - is called
s'arrête - stops
scène - scene

sculpture(s) - sculpture(s)
se - himself
sécurité - security
selon - according to
semble - seems
semblent - seem
sembles - seem
séparer - to separate
se réveille - wakes up
sérieuse - serious
sérieusement - seriously
sérieux - serious
ses - her; his
seule - alone
seulement - only

s'exclame - exclaims
si - if
silence - silence
silencieusement - silently
silencieux - silent
silhouette - silhouette
s'il te plaît - please
s'il vous plaît - please
s'intéresse - is interested
soir - night
soirée - evening
sommes - are
son - her
sont - are
sort - leaves
sortent - leave

sortes - sorts
sortie scolaire - field trip
(est) sorti - left
sortir - to leave
soudain - suddenly
souvent - often
spécifique - specific
statue - statue
stupides - stupid
suis - am
surfe - sur
sur - on
sûr - sure
sûrement - surely
surpris - surprised

T

t' - you, to you
ta - your
table - table
tard - later
te - to you
téléphone - calls
téléphoner - to call
temps - time
(par) terre - (on the) ground
tes - your
texto - text messsage
toi - you
toilettes - bathroom
tombe - falls
ton - your

tour - tour
touristes - tourists
tout - all; everything
tout à coup - all of a sudden
toute(s) - all
tout le monde - everyone
tout le temps - all the time
travail - job
travaillent - are working, work
tremblent - are trembling
très - very
trouve - finds
trouver - to find
tu - you

U

un - a, an
une - a, an

V

va - goes
vais - go; am going
vas - go; are going
verre - glass
vers - towards
veut - wants
veux - want
vibre - vibrates
victimes - victims
vie - life

vieil - old
vieille - old
viens - come!
visible(s) - visible
visite - visits
visitent - visit, are visiting
visiter - to visit
voir - to see
voit - sees
voiture - car
vont - go

votre - your
vous - you
voyage - trip
vraiment - really
vérifier - to verify

Y

y - there
yeux - eyes

ABOUT THE AUTHOR

Theresa Marrama is a French teacher in Northern New York. She has been teaching French to middle and high school students since 2007. She is the author of many language learner novels and has also translated a variety of Spanish comprehensible readers into French. She enjoys teaching with Comprehensible Input and writing comprehensible stories for language learners.

Theresa Marrama's books include:

Une Obsession dangereuse, which can be purchased at www.fluencymatters.com

Her French books on Amazon include:

Une disparition mystérieuse
L'île au trésor:
Première partie: La malédiction de l'île Oak
La lettre
Léo et Anton
La Maison du 13 rue Verdon

Her Spanish books on Amazon include:

La ofrenda de Sofía
Una desaparición misteriosa
Luis y Antonio
La carta
La casa en la calle Verdón
Misterio en el museo

Her German books on Amazon include:

Leona und Anna
Geräusche im Wald
Der Brief
Nachts im Museum

Check out Theresa's website for more resources and materials to accompany her books:

www.compelllinglanguagecorner.com

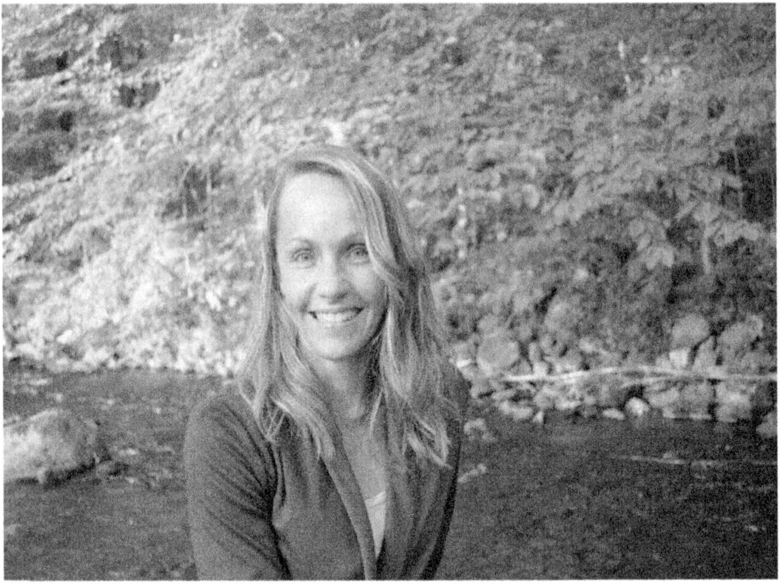

Printed in Great Britain
by Amazon